국민 담임 서진쌤의 멋진 말, 멋진 생각

어휘와 마음이 자라는
세계 명작 필사 노트

글 정서진 박경선 그림 영수

아울북

감성이 담긴 문장 한 줄의 힘

　요즘 아이들을 바라보면 늘 마음이 쓰입니다. 공부와 경쟁, 끝없는 비교 속에서 자라나는 아이들의 얼굴에서 따뜻한 여유와 감성 한 스푼이 점점 사라져 가는 것을 느끼기 때문입니다.

　지난 12년 동안 초등학교 교실에서 아이들과 함께하며, 늘 이런 아쉬움을 품고 있었습니다. 시험 점수보다 더 소중한 것이 있음에도, 정작 그것을 길러 주는 시간은 너무 부족했습니다.

　아이들에게 필요한 건 단지 문제를 푸는 힘 뿐만 아니라, 자신의 마음을 알아차리고, 다른 사람의 마음에 공감하며, 세상 속에서 따뜻하게 살아갈 수 있는 힘입니다.

　그래서 저는 이 책을 기획했습니다. 오랫동안 사람들의 마음을 울려 온 세계 명작 속 명문장을 골라 담고, 아이들이 그 문장을 읽고 따라 쓰면서 마음의 온기를 느끼게 하고 싶었습니다. 짧은 문장 한 줄이지만, 그 안에는 삶을 바라보는 지혜와 사람을 이해하는 따뜻함이 담겨 있습니다.

　아이들이 책 속 문장을 읽으며 이렇게 느꼈으면 합니다. "아, 나도 이런 마음이 있었구나." "나도 할 수 있구나." "따뜻한 마음이 있다는 게 참 좋구나."

　따라 쓰는 동안 아이들의 손끝에서 흘러나오는 것은 단순한 글자가 아니라, 자기 자신을 향한 성찰과 감성입니다. 글자를 쓰는 작은 움직임이 아이들 마음속에 잔잔히 스며들어, 세상을 바라보는 눈길을 한결 따뜻하게 만들어 줄 것입니다.

　부모님과 교사 여러분께도 부탁드립니다. 아이들이 책 속 문장을 읽고 마음을 나눌 때, 그 순간을 함께하며 대화를 나누시기 바랍니다. 그 짧은 대화 속에서 아이들은 따뜻함을 배우고, 감성을 키워 갑니다.

　저는 이 책이 아이들에게 잃어버린 따뜻함을 되찾는 작은 통로가 되기를 바랍니다. 요즘 세상에 가장 부족한 것이 있다면 바로 따뜻한 마음, 감성 한 스푼 아닐까요?

　이 책이 아이들에게 그 한 스푼의 온기를 건네줄 수 있기를, 그리고 그 온기가 아이들의 삶 속에서 오래도록 남기를 소망합니다.

12년차 전직 초등교사이자 작가
서진쌤 정서진 드림

이 책의 활용법

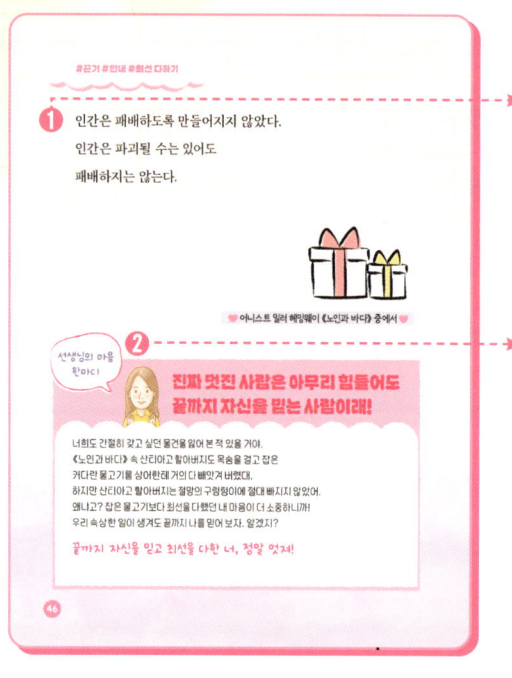

1 먼저 세계 명작 속의 멋진 문장을 읽으며, 어떤 내용인지 생각해요. 어떤 작품과 작가인지도 확인해 보면 좋겠죠?

2 국민 담임 서진쌤이 들려주는 '선생님의 마음 한마디'를 읽으며, 문장 속 숨은 뜻을 찾아보세요. 그 문장이 내 마음을 자라게 하는 데 어떤 도움이 되는지 생각해 보아요.

3 문장을 소리 내어 읽으면서 따라 써 보아요. 내 마음과 기억 속에 오랫동안 머무는 문장이 될 거예요.

4 내 마음에 쏙 드는 다짐을 골라서 오른쪽 메모지에 써요.

5 이 책은 세계 명작 속 한 문장을 읽으며 느낀 나만의 감성을 담은, 소중한 책이 될 거예요.

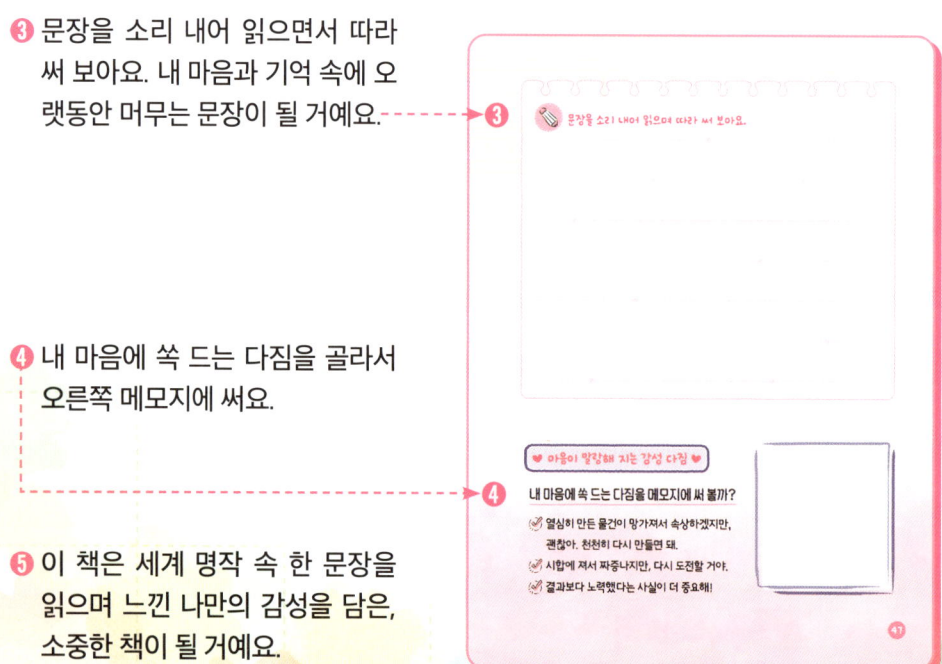

1장

콩닥콩닥 마음 알아보기

"으윽! 속이 콱 막힌 것 같고, 어깨가 축축 늘어져!"

"심장이 벌렁벌렁! 웃고 싶은데 눈물이 글썽글썽……."

대체 이건 무슨 마음일까?

슬픈 걸까? 화가 난 걸까? 그냥 속상한 걸까?

내 마음인데도 뒤죽박죽, 알쏭달쏭해.

그럴 땐 내 마음을 조용히 들여다봐야 해.

세계 명작 속 주인공들도 자기 마음을 잘 몰라서

울거나 실수한 적이 많았대.

이제 나의 마음이 잘 보이는

멋진 말들을 만나러 가 볼까?

자기 자신이 어떤 사람인지 아는 일을

가장 중요하게 생각하렴. 그건 세상에서

가장 배우기 힘든 거지. 하지만 그걸 알게 되면,

어리석은 개구리처럼 황소가 되려다

빵 터져 버리는 일은 없을 거야.

💙 미겔 데 세르반테스 사아베드라 《돈키호테》 중에서 💙

선생님의 마음 한마디

남과 비교하는 것보다 나를 알아가는 게 더 멋져!

개구리가 황소처럼 몸집이 커지고 싶어서 몸을 계속 부풀렸다가 그만 '빵' 하고 터져 버렸대.
친구가 멋져 보여 따라 하고 싶을 땐 내가 뭘 좋아하는지 먼저 생각해 봐.
친구랑 비교하느라 지치는 것보단 천천히 나 자신에 대해 알아가는 게 진짜 멋진 일이야!

얘들아~ 남이랑 비교하느라 바쁘지 말고! 너 자신을 좀 더 알아가는 데 시간을 써 봐!
남 잘하는 거 부러워할 시간에 내가 뭘 좋아하는지, 무엇을 할 때 신나는지 찾는 사람이 진짜
멋진 사람이야. 비교는 그만! 관찰은 시작!

세계 명작 필사 1일차, 오늘부터 시작~!

문장을 소리 내어 읽으며 따라 써 보아요.

자기 자신이 어떤 사람인지 아는 일을

가장 중요하게 생각하렴. 그건 세상에서

가장 배우기 힘든 거지. 하지만 그걸 알게 되면,

어리석은 개구리처럼 황소가 되려다

빵 터져 버리는 일은 없을 거야.

♥ 마음에 다가가는 감성 다짐 ♥

내 마음에 쏙 드는 다짐을 메모지에 써 볼까?

✔️ 나는 내가 좋아하는 게 뭔지 더 잘 알고 싶어.

✔️ 항상 잘하지 못해도 괜찮아.

✔️ 친구를 따라하지 않아도 괜찮아. 나는 나니까!

✔️ 거울 속 내 얼굴, 참 괜찮아 보여!

마음 깊은 곳에서부터

그것이 거짓말이라는 걸 나도 알고 있었어.

그리고 신께서도 알고 계셨지.

나는 그때 거짓말로는 기도할 수

없다는 걸 깨달은 거야.

마크 트웨인 《허클베리 핀의 모험》 중에서

선생님의 마음 한마디

내 마음은 알고 있잖아! 스스로에게 솔직해지렴.

혹시 친구가 밉다고 투덜거린 적 있니?
하지만 그게 진짜 내 마음이었을까?
화가 난 그 순간, 내 마음에는 어떤 걱정이 숨어 있었나 몰라.
진짜 목소리가 마음속에 꽁꽁 숨어 있을 때가 있거든.
그럴 땐 마음속 진짜 목소리를 들어보렴.
처음에는 어색하겠지만, 너는 할 수 있어!

진짜 네 마음의 소리, 그 소리를 무시하지 말기야!

문장을 소리 내어 읽으며 따라 써 보아요.

마음 깊은 곳에서부터

그것이 거짓말이라는 걸 나도 알고 있었어.

그리고 신께서도 알고 계셨지.

나는 그때 거짓말밖에는 기도할 수

없다는 걸 깨달은 거야.

내 마음에 쏙 드는 다짐을 메모지에 써 볼까?

✅ 친구가 미웠지만, 지금은 조금 이해가 돼.

✅ 마음이 뒤죽박죽일 땐, 가만히 혼자 있어 볼래.

✅ 아닌 척했지만, 속마음은 슬펐다고 인정할래.

✅ 그때는 화냈지만, 사실은 그 친구를 좋아해.

아이들은 왜 철이 들어야만 하나요?

사랑하는 뽀르뚜가,

나는 너무 일찍 철이 든 것 같아요.

영원히 안녕!

💗 바스콘셀로스 《나의 라임오렌지나무》 중에서 💗

선생님의 마음 한마디

**내 마음이 어떤지 알아주는 순간,
마음이 한 뼘 더 자랄 거야.**

제제는 꾹꾹 참지 않고 마음껏 슬퍼했대. 우리도 가끔 슬플 때가 있지?
그럴 땐 "아, 내가 지금 슬프구나." 하고 내 마음을 알아주면 돼.
속상한데 속상한 줄도 모르고 있으면 마음이 답답해 터질 것 같고,
화나는데 참고 있으면 마음속에서 부글부글 화산이 대폭발하잖아?
그러니까 먼저 마음한테 물어보는 연습을 같이 해 보자.

자, 오늘도 내 마음을 느껴 보고, 가볍게 하루 시작!

문장을 소리 내어 읽으며 따라 써 보아요.

아이들은 왜 철이 들어야만 하나요?

사랑하는 뽀르뚜가,

나는 너무 일찍 철이 든 것 같아요.

영원히 안녕!

내 마음에 쏙 드는 다짐을 메모지에 써 볼까?

- ✅ 지금 내 기분이 어떤지 잘 느껴 봐야지.
- ✅ 내 마음의 날씨를 잘 관찰할 테야.
- ✅ 슬플 때는 참지 않고, '지금 슬프다'라고 말할래.
- ✅ 마음이 힘들 땐 스스로 토닥토닥해 줄래.

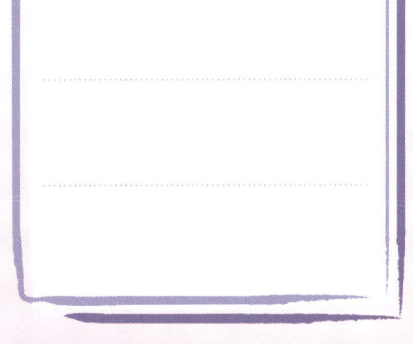

살아 있다는 것은 마법이에요.

강해지는 것도 마법이에요.

마법은 내 안에 있어요.

마법은 진짜 내 안에 있어요.

그 마법은 우리 모두 안에 있답니다.

💙 프랜시스 호즈슨 버넷 《비밀의 화원》 중에서 💙

선생님의 마음 한마디

내 안의 힘을 깨닫는 순간, 마법이 시작될 거야!

《비밀의 화원》 작품 속의 콜린은 버려진 정원을 가꾸기 시작하면서 건강해졌대.
몸이 약했던 콜린이 어떻게 튼튼해졌을까? 그건 콜린이 믿은 마법 덕분이야.
콜린은 '내 안에 자신을 살릴 수 있는 마법이 있다'고 굳게 믿었거든.
그 찰떡같은 믿음이 콜린을 번쩍 일으킨 거지!
마법은 내 마음을 느끼고 믿어 주면서 시작돼!
만일 부지런해지고 싶다면, 날마다 "나는 부지런하다!"라고 외쳐 보렴.

네 안에는 마법이 있어! 오늘 너는 어떤 주문을 외울래?

문장을 소리 내어 읽으며 따라 써 보아요.

살아 있다는 것은 마법이에요.

강해지는 것도 마법이에요.

마법은 내 안에 있어요.

마법은 진짜 내 안에 있어요.

그 마법은 우리 모두 안에 있답니다.

♥마음에 다가가는 감성 다짐♥

내 마음에 쏙 드는 다짐을 메모지에 써 볼까?

✅ 내 안에는 멋진 마법의 힘이 있어.

✅ 내 마음을 천천히 느껴 볼 거야.

✅ 마법처럼 내 마음을 꼭 안아 줄 거야!

✅ 내 마음이 가리키는 길을 믿고 따라가 볼래.

나는 정말 몰랐어요.

내가 사랑받을 수

있다는 것을요.

💚 빅토르 위고 《노트르담의 꼽추》 중에서 💚

선생님의 마음 한마디

네가 어떤 모습이든 사랑받기에 충분해!

혹시 나는 사랑받을 자격이 없다고 생각해 본 적 있니?
흉측해 보이는 외모 때문에 늘 숨기 바빴던 콰지모도도 그랬대.
그런데 어느 날, 따뜻한 마음을 건넨 사람이 난생 처음 나타난 거야.
그 순간, 콰지모도는 나도 사랑받을 수 있는 사람이었다는 걸 깨달았어.
너희가 어떤 모습이든 선생님은 계속 응원할 거야.

지금 모습 그대로도 너는 참 멋져!

문장을 소리 내어 읽으며 따라 써 보아요.

나는 정말 몰랐어요.

내가 사랑받을 수

있다는 것을요.

내 마음에 쏙 드는 다짐을 메모지에 써 볼까?

✅ 나는 나를 소중히 생각할 거야.

✅ 무시당해도 난 여전히 소중한 사람이야.

✅ 실수해도 난 사랑받을 수 있어.

✅ 내 마음은 언제나 내 편이야.

게르다의 힘은 마음속에 있어.

왜냐하면 게르다는 참으로

다정하고 순수한 아이거든.

♥ 한스 크리스티안 안데르센 《눈의 여왕》 중에서 ♥

선생님의 마음 한마디

다정하고 순수한 마음은 어떤 어려움도 이겨 낸다!

누군가 속상하게 해도, 친구한테 삐져서 마음이 구겨져도
마음 한편에 다정한 마음, 딱! 순수한 마음, 딱!
그것만 있으면 우리는 다시 일어날 수 있어.
얘들아, 다정함은 약한 게 아니라 가장 강한 용기란다.
너희 안에는 눈에 보이지 않지만 멋진 무기가 있어.
그건 바로 너희의 '따뜻한 마음'이야.

진짜 힘은 외모나 능력이 아니라, 따뜻한 마음에서 나와!

문장을 소리 내어 읽으며 따라 써 보아요.

게르다의 힘은 마음속에 있어.

왜냐하면 게르다는 참으로

다정하고 순수한 아이거든.

♥ 마음에 다가가는 감성 다짐 ♥

내 마음에 쏙 드는 다짐을 메모지에 써 볼까?

- ✔️ 친구가 속상할 때, 다정한 말을 걸어 줄래.
- ✔️ 내 안에는 어려움을 헤쳐 나갈 큰 용기가 있어.
- ✔️ 누군가를 도와줄 기회가 생기면, 용기를 낼래.
- ✔️ 내 마음속의 따뜻한 힘을 믿어!

정말 나도 왜 이렇게 슬픈지 모르겠어.

나를 지치게 하고, 너희마저 지치게 하지.

하지만 그 슬픔이 어디서 어떻게 시작된 건지

무엇으로 만들어진 건지 알 수도 없어.

이 슬픔 때문에 바보가 되어

내가 어떤 사람인지 헷갈릴 지경이야.

♥ 윌리엄 셰익스피어 《베니스의 상인》 중에서 ♥

선생님의 마음
한마디

슬플 땐 혼자 끙끙 앓지 말고 내 마음을 말해 봐!

얘들아, 어깨가 축축 처지고 마음이 슬픈 날 있지?
이유를 또박또박 말할 수는 없지만, 마음이 찌르르 아픈 날 말이야.
그럴 땐 혼자서 끙끙대지 말고 내 마음을 차근차근 표현해 보자.
이렇게 툭 꺼내 놓으면 마음이 한결 가벼워진다니까!
그리고 말을 해야 따뜻이 위로해 줄 수도 있지.
내 마음을 조금씩 말하다 보면, 마음속 슬픔이 사라질 거야.

네 마음을 말할 때 더 건강해져!

문장을 소리 내어 읽으며 따라 써 보아요.

정말 나도 왜 이렇게 슬픈지 모르겠어.

나를 지치게 하고, 너희마저 지치게 하지.

하지만 그 슬픔이 어디서 어떻게 시작된 건지

무엇으로 만들어진 건지 알 수도 없어.

이 슬픔 때문에 바보가 되어

내가 어떤 사람인지 헷갈릴 지경이야.

♥ 마음에 다가가는 감성 다짐 ♥

내 마음에 쏙 드는 다짐을 메모지에 써 볼까?

☑️ 왜 슬픈지 모를 땐 내 마음을 들여다볼래.

☑️ 슬플 땐 꾹꾹 참지 않고 엄마랑 얘기할 거야.

☑️ 오늘 가장 속상했던 순간을 그려 봐야지.

☑️ 힘들 땐 기분이 좋아지는 노래를 부를래.

마음속 깊이 그게 사실이라고

확신하면서도 그걸 애써 부정하는 건

내가 아는 어떤 일보다 기분 나쁜 일이야.

💚 에디스 네스빗 《모래요정과 다섯 아이들》 중에서 💚

선생님의 마음 한마디

두려움을 똑바로 마주 보면, 저절로 스르르 작아질 거야!

가끔 우리 앞에는 원하지 않았던 일이나 믿기 싫은 일이 생길 때가 있어.
그럴 땐 살포시 마음의 문을 열고 그 일을 찬찬히 바라보렴.
처음에는 덜덜 떨려도 보다 보면 별거 아닐걸!
두려움은 네가 무서워하면 커지고, 네가 똑바로 보면 쪼그라든다니까?
멀리서 보면 무시무시한 고릴라 같아 보이던 것도
가까이에서 보면 작고 귀여운 원숭이일 때가 있잖아!

처음에는 덜덜 떨려도 두려움과 마주해 보자!

문장을 소리 내어 읽으며 따라 써 보아요.

마음속 깊이 그게 사실이라고

확신하면서도 그걸 애써 부정하는 건

내가 아는 어떤 일보다 기분 나쁜 일이야.

내 마음에 쏙 드는 다짐을 메모지에 써 볼까?

☑️ 누가 내 말에 반대할 땐, 그 의견을 들어 볼래.

☑️ 야단맞아 무서울 땐, 내 마음을 들여다볼래.

☑️ 발표가 두려울 땐 떨려도 괜찮다고 생각할 거야.

☑️ 친구 때문에 힘들 땐 내 마음을 안아 줄래.

나는 인간의 마음속에

착한 마음과 악한 마음이

함께 살고 있다는 것을 깨닫게 되었다네.

내 안에서 서로 싸우는 두 마음 모두가

진짜 나인 것이지.

❤ 로버트 루이스 스티븐슨 《지킬 박사와 하이드》 중에서 ❤

선생님의 마음
한마디

내 마음속에는 이런저런 마음들이 같이 살고 있어.

얘들아, 마음속에서 착한 마음이랑 나쁜 마음이 티격태격 싸운 적 있니?
그런데 말이야. 착한 마음도 내 마음, 나쁜 마음도 내 마음이야.
원래 마음 안에는 여럿이 살고 있거든. 그게 아주 정상인 거야.
마음은 날씨 같아. 맑았다 흐렸다 소나기가 내렸다 다시 맑아지지.
그러니까 어떤 감정이 와도 "어이, 너 왔어?" 하고 맞아 주기만 하면 돼!
우리는 다양한 감정 친구들과 같이 사는 거다, 알겠지?

착한 마음도 내 마음, 나쁜 마음도 내 마음이야.

문장을 소리 내어 읽으며 따라 써 보아요.

나는 인간의 마음속에

착한 마음과 악한 마음이

함께 살고 있다는 것을 깨닫게 되었다네.

내 안에서 서로 싸우는 두 마음 모두가

진짜 나인 것이지.

♥ 마음에 다가가는 감성 다짐 ♥

내 마음에 쏙 드는 다짐을 메모지에 써 볼까?

✅ 친구가 놀릴 땐, 화난 내 마음을 알아줄 거야.

✅ 동생이 미울 때도 내 마음, 좋을 때도 내 마음.

✅ 나쁜 감정이 생겨도 내 마음이라고 인정할 거야.

✅ 화가 나는 것도 슬픈 것도 당연한 감정이야.

심장이 있는 사람들은

마음이 잘못을 저지르지 않게

이끌어 주지요.

그렇지만 나처럼 심장이 없는 사람은

항상 더 조심해야 돼요.

💙 프랭크 바움 《오즈의 마법사》 중에서 💙

선생님의 마음 한마디

심장 소리에 귀 기울여 봐. 네 마음이 바른 길로 인도할 거야!

《오즈의 마법사》 속 양철 나무꾼은 마음을 느낄 따뜻한 심장이 없어서
혹시 누군가에게 상처를 주게 될까 봐 늘 걱정했대.
하지만 양철 나무꾼은 정말 중요한 걸 딱 알고 있었어.
내 마음을 찬찬히 바라보면, 실수해도 바른 길로 돌아갈 수 있다는 걸!
마음이 삐뚤빼뚤 흔들릴 땐 이게 무슨 마음일까 들여다보렴.
결국! 바른 길로 인도하는 나침반은 어디에 있다?

바로 너의 마음 안에 있어!

문장을 소리 내어 읽으며 따라 써 보아요.

심장이 있는 사람들은

마음이 잘못을 저지르지 않게

이끌어 주지요.

그렇지만 나처럼 심장이 없는 사람은

항상 더 조심해야 돼요.

♥ 마음에 다가가는 감성 다짐 ♥

내 마음에 쏙 드는 다짐을 메모지에 써 볼까?

☑ 무엇 때문에 짜증이 났는지 생각해 보자.

☑ 질투가 날 땐 내 마음부터 살펴볼 거야.

☑ 마음이 갈팡질팡할 땐 내 마음을 느껴 볼래.

☑ 내가 왜 거짓말을 했을까 생각해 볼래.

2장

살살 마음 다스리기

"꾸에엑! 내 속에서 불을 뿜는 용이 나올 것 같아!"

"삐죽삐죽 입이 튀어나오고 눈물이 또르르,

심장이 쿵쾅쿵쾅 미칠 것 같아!"

이렇게 기분이 꼬깃꼬깃 구겨지고

마음이 뒤죽박죽일 땐 어떻게 해야 할까?

《빨간 머리 앤》 작품 속의 앤은 믿음과 희망으로

어려움을 이겨 냈대.

이제 마음이 살살 풀어지는 멋진 말들을

만나러 가 볼까?

웃음은 모든 낯설고
이상한 일에 대한
가장 지혜롭고도
쉬운 대답이다.

💙 허먼 멜빌 《모비딕》 중에서 💙

선생님의 마음
한마디

낯선 상황에서는
웃음으로 훌훌 날려 버려!

얘들아, 누군가를 처음 만났을 때 너무 낯설어서 당황했던 적 있니?
《모비딕》 작품 속의 주인공 이스마엘도 식인종으로 소문난 퀴퀘그라는
사람과 하룻밤 같은 침대를 써야 했을 때 그랬대.
하지만 이스마엘은 결국 웃음으로 두려움을 다 이겨 냈어.
심지어 나중에는 퀴퀘그와 둘도 없는 단짝이 됐지.
조금 쑥스럽겠지만, 선생님과 약속 하나 하자!

처음 만난 친구에게 다가가 따뜻하게 웃어 주기!

문장을 소리 내어 읽으며 따라 써 보아요.

웃음은 모든 낯설고

이상한 일에 대한

가장 지혜롭고도

쉬운 대답이다.

♥ 마음이 말랑해지는 감성 다짐 ♥

내 마음에 쏙 드는 다짐을 메모지에 써 볼까?

☑ 실수로 당황한 친구에게 먼저 웃어 주자.

☑ 처음 만난 외국인 친구에게 먼저 인사할래.

☑ 새로운 담임 선생님께 웃으며 인사해야지.

☑ 처음 보는 음식도 맛있게 먹어 볼래.

내가 누더기를 입은 공주라면

마음만은 공주가 될 수 있겠지.

아마 화려한 옷을 입고 있다면

공주가 되기는 더 쉬울 거야.

하지만 아무도 안 알아줄 때, 공주가 될 수

있다면 그게 훨씬 더 대단한 일이야.

💚 프랜시스 호즈슨 버넷 《소공녀》 중에서 💚

선생님의 마음
한마디

진짜 공주는 예쁜 옷이 아니라 마음가짐으로 결정돼!

얘들아, 진짜 공주는 무엇으로 결정될까?
예쁜 옷? 왕관? 긴 머리카락? 아니야! 바로바로 마음가짐이야!
옷이 반짝반짝해도 마음이 삐뚤빼뚤하면 겉모습만 번드르르한 거지.
잠옷 차림이어도 마음이 반듯하고 따뜻하면 그게 바로 진짜 공주인 거야.
내가 못난이처럼 여겨지거나 누가 나를 무시할 때, 이렇게 주문을 외워 봐.
"나는 지금 마음으로 공주(왕자)가 되고 있다!"

마음을 아끼고 지킬 줄 아는 너, 진짜 멋진 공주고 멋진 왕자야!

문장을 소리 내어 읽으며 따라 써 보아요.

내가 누더기를 입은 공주라면

마음만은 공주가 될 수 있겠지.

아마 화려한 옷을 입고 있다면

공주가 되기는 더 쉬울 거야.

하지만 아무도 안 알아줄 때, 공주가 될 수

있다면 그게 훨씬 더 대단한 일이야.

♥ 마음이 말랑해지는 감성 다짐 ♥

내 마음에 쏙 드는 다짐을 메모지에 써 볼까?

✅ 다른 사람이 나의 가치를 몰라줘도 나는 나야!

✅ 나도 빛나, 너도 빛나, 우리 모두 빛나!

✅ 남이 뭐라고 해도 스스로를 미워하면 안 돼.

✅ 한 번 실수했다고 계속 속상해 하지 않을래.

길모퉁이를 돌면

뭐가 있을지 모르겠어요.

하지만 거기 가장 좋은 것이

기다리고 있을 거라 믿을래요.

💗 루시 모드 몽고메리 《빨간 머리 앤》 중에서 💗

선생님의 마음 한마디

생각보다 너는 강해!
자신의 힘을 믿어 보렴.

가끔 내가 너무 못하는 것 같아 기가 팍팍 죽을 때가 있지?
앞으로 나쁜 일이 생길까 봐 안절부절못할 때도 있고 말이야.
에잇, 거기까지! 선생님이 딱 한 마디 해 줄게.
너는 생각보다 진짜 강한 사람이야!
시험을 망쳐도 일어나고, 친구랑 싸워도 다시 웃지.
그러니까 제발 스스로를 믿어! 오늘도 거울 보고 이렇게 말해 보자.

나는 생각보다 훨씬 강해! 내가 나를 믿어 줄 거야!

문장을 소리 내어 읽으며 따라 써 보아요.

길모퉁이를 돌면

뭐가 있을지 모르겠어요.

하지만 거기 가장 좋은 것이

기다리고 있을 거라 믿을래요.

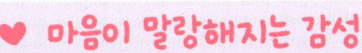 ♥ **마음이 말랑해지는 감성 다짐** ♥

내 마음에 쏙 드는 다짐을 메모지에 써 볼까?

- ☑️ 화가 불끈 나도 한숨 먼저 쉬고 얘기할래.
- ☑️ 실수해도 괜찮아, 난 실수하면서 배울 테니까!
- ☑️ 마음먹은 대로 안 될 때도 있는 게 당연해.
- ☑️ 기쁜 일과 슬픈 일, 모두 내 마음이 자랄 기회야.

네가 날 수 있을까

스스로를 의심한다면,

그 순간 너는 영원히

날 수 없게 돼.

💙 제임스 매튜 배리 《피터 팬》 중에서 💙

선생님의 마음
한마디

네 마음을 믿는 순간,
무엇이든 할 수 있어!

어떨 땐 "나는 못 해!"라는 생각이 머릿속에서 맴맴 돌 때가 있지?
나를 의심하는 순간, 우리 앞에는 투명 장벽이 생겨.
그 장벽은 눈에 보이지는 않지만, 아주 힘이 세!
우리가 도전해 보지도 않고 자꾸 포기하게 만드니까.
하지만 투명 장벽보다 더 힘이 센 건 '나를 믿는 마음'이야.
자꾸 나를 의심하게 될 땐, 피터 팬이 했던 말을 떠올려. 알겠지?

네 마음을 믿고 힘껏 날개를 펼쳐 봐!

문장을 소리 내어 읽으며 따라 써 보아요.

네가 날 수 있을까

스스로를 의심한다면,

그 순간 너는 영원히

날 수 없게 돼.

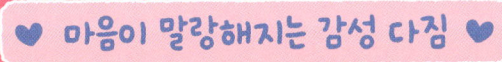

내 마음에 쏙 드는 다짐을 메모지에 써 볼까?

☑️ 덜덜 떨려도 번쩍 손을 들고 발표할래.

☑️ 나는 무엇이든 할 수 있는 사람이야!

☑️ 내가 나를 믿을 때, 진짜 용기가 솟아나!

☑️ 혼자서 하나라도 끝까지 완성해 볼래.

새는 알에서 나오려고 싸운다.

알은 곧 세계다.

태어나려는 자는 하나의 세계를

깨뜨려야만 한다.

💚 헤르만 헤세 《데미안》 중에서 💚

선생님의 마음 한마디

처음은 누구에게나 떨려.
첫발을 딛는 너를 응원해!

학교에 처음 갔던 날 기억하니?
마치 새가 알을 깨고 나오듯 너도 낯설고 새로운 세상으로 나왔지.
편하고 익숙했던 곳을 떠나 새 친구, 새 선생님, 새 규칙을 만나야 했을 땐,
가슴이 두근두근했을 거야. 선생님도 첫 수업 땐 손바닥에 땀이 찼었어.
처음은 떨리는 게 당연한 거야!
그런데 말이야. 그 떨리는 발걸음이 바로 용기라는 거 알지?
그러니까 첫발을 딛는 너를 선생님이 진심으로 응원해!

가 보자고! 한 걸음, 한 걸음씩!

문장을 소리 내어 읽으며 따라 써 보아요.

새는 알에서 나오려고 싸운다.

알은 곧 세계다.

태어나려는 자는 하나의 세계를

깨뜨려야만 한다.

 ♥ **마음이 말랑해지는 감성 다짐** ♥

내 마음에 쏙 드는 다짐을 메모지에 써 볼까?

- ✅ 처음 보는 음식이라도 맛있게 먹어 볼래.
- ✅ 모르는 게 나와도 괜찮아, 배우면 되니까.
- ✅ 잘하는 일만 하지 않을래, 새롭게 도전!
- ✅ 처음이라 떨릴 땐, 숨을 한번 크게 쉬고 할래.

가장 강한 전사들이

누구인지 알아?

그건 바로 시간과 인내야.

💗 레프 톨스토이 《전쟁과 평화》 중에서 💗

선생님의 마음 한마디

서두르지 않아도 괜찮아. 시간과 인내는 우리 편이니까!

무언가 척척 잘하고 싶은데, 잘 안 돼서 막 짜증날 때 있지?
그런데 씨앗을 땅에 심으면 금방 열매를 맺는 건 아니잖아?
물도 주고, 거름도 주고, 정성껏 돌보아 주다 보면
식물은 어느새 쑥쑥 자라 열매를 맺어. 우리도 똑같아.
지금은 결과가 눈에 안 보여도 차근차근해 나가는 게 진짜 멋진 거야.
그러니까 숨 한번 크게 쉬고 천천히 가 보자!

서두르지 않아도 너는 잘하고 있어!

문장을 소리 내어 읽으며 따라 써 보아요.

가장 강한 전사들이

누구인지 알아?

그건 바로 시간과 인내야.

♥ **마음이 말랑해지는 감성 다짐** ♥

내 마음에 쏙 드는 다짐을 메모지에 써 볼까?

☑ 남보다 느려도 괜찮아, 나만의 속도로 가면 돼.

☑ 글씨가 못생겨도 괜찮아, 꾸준히 연습하면 돼.

☑ 문제가 안 풀릴 땐 쉬었다가 다시 해 볼래.

☑ 한 번에 다 하지 않아도 괜찮아, 천천히 하면 돼.

가장 절망적인 고통은

종종 기쁨과 용기가

밀려오기 전에 온다.

💙 해리엇 비처 스토 《톰 아저씨의 오두막》 중에서 💙

선생님의 마음 한마디

힘든 시간이 지나가면 기쁨의 파도가 밀려올 거야!

톰 아저씨는 노예로 살면서 무지무지 큰 고통을 겪었어.
하지만 그 시간이 지나가면 반드시 기쁨이 찾아올 거라고 믿으며
하루하루 착하게 열심히 살았지. 지금은 좀 버거워도,
눈물이 날 만큼 속상해도, 마음속에 태풍이 불어도!
그건 진짜 잠깐이야! 조금만 더 버텨 봐.
그 다음에는 행복의 파도가 너한테 밀려올 테니까!

행복의 파도를 타고 더 멋진 너로 딱 서는 거야!

문장을 소리 내어 읽으며 따라 써 보아요.

가장 절망적인 고통은

종종 기쁨과 용기가

밀려오기 전에 온다.

내 마음에 쏙 드는 다짐을 메모지에 써 볼까?

☑️ 청소는 힘들어, 하지만 끝나고 나면 기분이 좋아!

☑️ 기운이 하나도 없을 땐 맛있는 밥부터 먹자!

☑️ 힘든 시간이 지나가면 반드시 기쁨이 온대.

☑️ 숙제가 많지만, 하다 보면 결국 끝날 거야!

하늘도 알고 있지. 우리가 눈물을

결코 부끄러워할 필요가 없다는 걸.

눈물은 가슴에 단단히 쌓인

세상에 찌든 먼지를 씻어 주는

빗방울이니까.

찰스 디킨스 《위대한 유산》 중에서

선생님의 마음
한마디

마음껏 울어도 괜찮아! 눈물은 마음의 반창고야.

얘들아, 눈물을 펑펑 흘리고 나면 왠지 가슴이 후련해지지 않니?
그래! 눈물은 창피한 게 아니라, 마음에 딱 붙이는 반창고 같은 거야.
눈물로 상처난 마음을 콸콸 흘려보내면, 상처가 깨끗이 아물게 돼.
그리고 눈물은 꽁꽁 언 마음도 따뜻이 녹여 준단다.
그러니까 힘들 땐 꾹꾹 참지 말고 엉엉 울어 봐.
어느새 활짝 다시 웃게 될 테니까.

선생님이 옆에서 휴지 들고 기다릴게!

문장을 소리 내어 읽으며 따라 써 보아요.

하늘도 알고 있지. 우리가 눈물을

결코 부끄러워할 필요가 없다는 걸.

눈물은 가슴에 단단히 쌓인

세상에 찌든 먼지를 씻어 주는

빗방울이니까.

♥ 마음이 말랑해지는 감성 다짐 ♥

내 마음에 쏙 드는 다짐을 메모지에 써 볼까?

- ✅ 눈물을 잘 흘린다고 약한 사람은 아니야.
- ✅ 눈물로도 내 마음을 표현할 수 있어.
- ✅ 엉엉 울고 나면, 하하 웃게 될 거야!
- ✅ 눈물은 마음에 찌든 먼지를 청소해 준대.

인간은 패배하도록 만들어지지 않았다.

인간은 파괴될 수는 있어도

패배하지는 않는다.

♥ 어니스트 밀러 헤밍웨이 《노인과 바다》 중에서 ♥

선생님의 마음
한마디

진짜 멋진 사람은 아무리 힘들어도
끝까지 자신을 믿는 사람이래!

너희도 간절히 갖고 싶던 물건을 잃어 본 적 있을 거야.
《노인과 바다》 속 산티아고 할아버지도 목숨을 걸고 잡은
커다란 물고기를 상어한테 거의 다 빼앗겨 버렸대.
하지만 산티아고 할아버지는 절망의 구렁텅이에 절대 빠지지 않았어.
왜냐고? 잡은 물고기보다 최선을 다했던 내 마음이 더 소중하니까!
우리 속상한 일이 생겨도 끝까지 나를 믿어 보자. 알겠지?

끝까지 자신을 믿고 최선을 다한 너, 정말 멋져!

문장을 소리 내어 읽으며 따라 써 보아요.

인간은 패배하도록 만들어지지 않았다.

인간은 파괴될 수는 있어도

패배하지는 않는다.

 **♥ 마음이 말랑해지는 감성 다짐 ♥**

내 마음에 쏙 드는 다짐을 메모지에 써 볼까?

✅ 열심히 만든 물건이 망가져서 속상하지만,
   괜찮아. 천천히 다시 만들면 돼.

✅ 시합에 져서 짜증나지만, 다시 도전할 거야.

✅ 결과보다 노력했다는 사실이 더 중요해!

3장

똑똑 마음 헤아리기

"얼굴이 새파랗고 입은 씰룩씰룩,

코끝은 불긋불긋, 어깨도 파르르 떨려."

말 한 마디 안 해도 친구의 아픔이 느껴지지 않니?

이럴 때 조심조심 다가가 "무슨 일이니?"하며

물어본 적 있니? 《어린 왕자》 속의 여우는

'마음으로 보아야 잘 보인다'라고 했어.

이제 우리도 서로의 마음을 '톡' 이어 줄

따뜻한 말들을 만나러 가 볼까?

오만과 허영심은 종종 같은 말로 쓰이지만,

사실은 서로 다른 말이에요.

오만은 우리가 스스로를 어떻게 생각하는지를

말하고, 허영심은 남들이 우리를 어떻게

봐 주었으면 하는지를 말하지요.

💙 제인 오스틴《오만과 편견》 중에서 💙

선생님의 마음 한마디

'내가 보는 나'와 '친구가 보는 나'는 다를 수 있다는 거 알아?

얘들아, 스스로 "내가 너무 별로인 거 같아."라는 생각이 들 때가 있지?
하지만 친구는 의외로 "쟤, 진짜 착해!"라고 나를 생각할 수도 있어.
우리는 나의 멋진 모습보다 거울 속 맘에 들지 않는 내 모습, 실수한 기억 등등
이런 것들로 스스로 기를 팍팍 죽일 때가 있어.
하지만 친구들은 너의 좋은 점, 멋진 순간들을 더 잘 알아본다는 걸 잊지 마.

때로는 친구의 눈빛으로 너 자신을 따스하게 바라보렴!

문장을 소리 내어 읽으며 따라 써 보아요.

오만과 허영심은 종종 같은 말로 쓰이지만,

사실은 서로 다른 말이에요.

오만은 우리가 스스로를 어떻게 생각하는지를

말하고, 허영심은 남들이 우리를 어떻게

봐 주었으면 하는지를 말하지요.

♥ **마음이 통하는 감성 다짐** ♥

내 마음에 쏙 드는 다짐을 메모지에 써 볼까?

☑️ 내 행동이 친구 입장에서는 어떻게 보일까?

☑️ 내 말이 친구한테 어떻게 들릴지 생각해 볼래.

☑️ 친구가 날 오해한다면, 차근차근 설명해 줄래.

☑️ 같은 걸 보아도 사람마다 생각은 달라.

스크루지는 현명해졌기 때문에 알고 있었어요.

이 세상에서 좋은 일을 하려고 들면,

처음에는 비웃는 사람들이

늘 있기 마련이라는 것을요.

💚 찰스 디킨스 《크리스마스 캐럴》 중에서 💚

선생님의 마음 한마디

남들의 시선보다 중요한 건 올바른 일을 선택하는 거야!

얘들아, 뭔가 달라지고 싶은데, 친구들의 반응 때문에 멈칫할 때가 있지?
소문난 짠돌이 스크루지도 처음에 좋은 일을 하려고 마음먹었을 때,
비웃음을 당할 줄 알았대. 하지만 스크루지는 그런 건 신경쓰지 않았어.
너희도 주위에서 뭐라고 하든, 시선이 좀 따갑든 신경쓰지 말고
스스로 옳다고 믿는 길이라면 꿋꿋이 밀고 나가!
남의 눈치를 보느라 네 기준 잃지 말고, 멋지고 당당하게!

잊지 마! 올바른 선택을 하려면, 용기가 필요하다는 걸!

문장을 소리 내어 읽으며 따라 써 보아요.

스크루지는 현명해졌기 때문에 알고 있었어요.

이 세상에서 좋은 일을 하려고 들면,

처음에는 비웃는 사람들이

늘 있기 마련이라는 것을요.

내 마음에 쏙 드는 다짐을 메모지에 써 볼까?

☑ 친구가 새롭게 달라졌을 때 응원해 줄래.

☑ 남들이 하자는 대로 따르는 게 옳은 건 아니야.

☑ 외로워 보이는 친구에게 먼저 말을 걸 테야.

☑ 놀림 당하는 친구를 감싸 줄 거야.

그 혹독한 추위 속에

파트라슈만이 홀로 있었다.

몸은 늙고 굶주린 데다 온몸이 아팠지만,

위대한 사랑에서 솟아나는 힘과 인내심이

지칠 줄 모르고 네로를 찾게 했다.

♥ 위다 《플랜더스의 개》 중에서 ♥

선생님의 마음
한마디

내가 힘들 때도 누군가를 도울 수 있다는 건 참 따뜻한 일이야!

파트라슈는 진짜진짜 힘들 텐데도 사라진 네로를 찾아 여기저기 헤맸대.
늘 자기를 따뜻하게 안아 주던 네로를 어떻게든 도와주고 싶었나 봐.
나도 지쳐 있고, 괜히 눈물이 또르르 떨어질 것 같을 때에도
누군가에게 따뜻한 말 한마디를 건넬 수 있다면,
그건 바로 너의 마음이 이미 엄청 따뜻하고 단단하다는 증거야.
그러니까 힘들 땐 내 마음에 큰 사랑이 있다는 걸 기억하렴!

사랑은 받는 것도 좋지만, 줄 수 있을 때 더 행복해져!

문장을 소리 내어 읽으며 따라 써 보아요.

그 혹독한 추위 속에

파트라슈만이 홀로 있었다.

몸은 늙고 굶주린 데다 온몸이 아팠지만,

위대한 사랑에서 솟아나는 힘과 인내심이

지칠 줄 모르고 네로를 찾게 했다.

 ♥ 마음이 통하는 감성 다짐 ♥

내 마음에 쏙 드는 다짐을 메모지에 써 볼까?

☑️ 몸이 불편한 친구를 도와줄 거야.

☑️ 내가 받은 배려를 다른 사람한테도 나눠 줄래.

☑️ 오늘은 먼저 '사랑을 주는 날'로 정할래.

☑️ 혼자 있는 친구에게 먼저 다가가 볼래.

친절하고 정직하게 자신의 일을
다하는 사람이 세상에 얼마나 멀리까지
영향력을 끼치는지는 알 수 없어요.
하지만 그 힘이 스치며 내 마음에 준
감동은 확실히 느낄 수 있죠.

💙 찰스 디킨스 《위대한 유산》 중에서 💙

선생님의 마음
한마디

소리 없이 다정한 친절이 가장 힘이 세!

얘들아, 말 없이 살짝 다가와 나를 도와준 친구가 고마웠던 적 있지?
누가 알아주지 않아도 묵묵히 친절을 베푸는 사람을 보면,
저절로 마음이 따끈따끈해지잖아? 막 가슴이 몽글몽글해지고.
그런 친절은 마음에 쏙 박혀서 오래오래 기억에 남아.
크게 티 나지 않아도, 칭찬받지 못해도 괜찮아!
조용한 친절이야말로 사람의 마음을 가장 크게 울리는 법이니까!

오늘 누군가에게 소리 없이 친절을 베풀어 보자!

문장을 소리 내어 읽으면서 따라 써 보아요.

친절하고 정직하게 자신의 일을

다하는 사람이 세상에 얼마나 멀리까지

영향력을 끼치는지는 알 수 없어요.

하지만 그 힘이 스치면 내 마음에 준

감동은 확실히 느낄 수 있죠.

♥ 마음이 통하는 감성 다짐 ♥

내 마음에 쏙 드는 다짐을 메모지에 써 볼까?

☑ 생색내지 않고 친구를 도와줄래.

☑ 부모님께 감사의 편지를 써 볼래.

☑ 친구들이 규칙을 어겨도 나는 꼭 지켜야지.

☑ 선한 영향력은 돌고 도는 거야.

여행자의 최고 목표는 사람들을

더 지혜롭고, 더 나은 사람으로 이끄는 거예요.

그러기 위해선 외국의 좋은 모습뿐 아니라,

잘못된 모습에서도 배울 점을 찾아

전해야 돼요.

💚 조나단 스위프트 《걸리버 여행기》 중에서 💚

선생님의 마음 한마디

삶을 여행하는 꼬마 여행자야, 세상은 넓은 교실이란다!

얘들아, 여행을 떠나 낯선 곳에 가면 모든 게 신기하잖아?
걸리버 역시 온갖 신기한 나라를 탐험하며 깜짝 놀랄 일들을 겪었대.
어떤 나라에서는 감탄을 터뜨리고, 어떤 나라에서는 한숨을 푹푹 쉬었지.
그러면서 걸리버는 세상을 넓게 보는 눈을 키웠어.
그런 눈으로 세상을 바라본다면, 세상 어디에서든 그 누구에게서든
분명 배울 점이 퐁퐁 넘쳐날 거야!

낯선 세상은 내 모습과 내가 속한 세상을 다시 보게 해.

문장을 소리 내어 읽으며 따라 써 보아요.

여행자의 최고 목표는 사람들을

더 지혜롭고, 더 나은 사람으로 이끄는 거예요.

그러기 위해선 외국의 좋은 모습뿐 아니라,

잘못된 모습에서도 배울 점을 찾아

전해야 돼요.

♥ **마음이 통하는 감성 다짐** ♥

내 마음에 쏙 드는 다짐을 메모지에 써 볼까?

☑ 처음 만나는 친구의 얘기를 흥미롭게 들어 볼래.

☑ 친구의 좋은 습관을 따라해 보겠어.

☑ 우리 문화가 외국 친구에게는 낯설게 보일 거야.

☑ 다른 지역에서 온 친구에게 따뜻이 대해 줄래.

내 마음 같아선 이 세상 어느 곳에도

사자나 호랑이를 가두어 두지 않을 거야.

그들은 결코 우리에 적응할 수도 없고,

행복할 수도 없지. 절대 마음을 붙일 수 없어.

그들은 드넓은 고향 땅을 늘 그리워하거든.

💗 휴 로프팅 《둘리틀 선생의 바다 여행》 중에서 💗

선생님의 마음
한마디

말 못 하는 동물이라고 얕보지 마!
누구한테나 감정이 있어!

얘들아, 귀여움이 폭발하는 반려동물을 길러 본 적 있니?
반려동물과 놀다 보면, 자꾸만 웃고 있는 내 모습을 발견하게 되잖아.
그런데 동물은 우리가 가지고 노는 인형이 아니야.
말을 못 한다고 함부로 대하면 안 돼! 동물은 눈빛과 행동으로 표현한단다.
그러니까 동물을 세심하게 살펴보고, 더 따뜻하게 대해야 해!
진짜 멋진 사람은 말 못 하는 존재에게도 다정한 사람이거든!

반려동물을 대하는 나의 태도를 돌아보자.

내 마음 같아선 이 세상 어느 곳에도

사자나 호랑이를 가두어 두지 않을 거야.

그들은 결코 우리에 적응할 수도 없고,

행복할 수도 없지. 절대 마음을 붙일 수 없어.

그들은 드넓은 고향 땅을 늘 그리워하거든.

❤ 마음이 통하는 감성 다짐 ❤

내 마음에 쏙 드는 다짐을 메모지에 써 볼까?

- ☑ 동물도 마음이 있다는 걸 잊지 않겠어!
- ☑ 동물이 귀엽다고 억지로 껴안지 않을래.
- ☑ 친구가 귀엽다고 함부로 장난치면 안 돼!
- ☑ 몸집이 나보다 작은 친구를 얕보지 않을래.

나쁜 풀도, 나쁜 사람도 없어요.

다만, 잘못 가꾸는 농부가

있을 뿐이에요.

💙 빅토르 위고 《레 미제라블》 중에서 💙

선생님의 마음
한마디

처음부터 나쁜 친구는 없어!
마음속 아픔까지 살펴봐 줄래?

혹시 친구가 나를 화나게 하거나 열받게 할 때 "안 놀아!" 하고 말한 적 있니?
그런데, 그 친구한테는 우리가 모르는 아픔이 있을지도 몰라.
내가 실수했을 때, 누가 "넌 나쁜 애야!"라고 단정지어 말한다면 참 속상하겠지?
진짜 태어날 때부터 나쁜 마음을 품고 있는 사람은 없어.
우리가 멋진 친구가 되려면, 겉으로 보이는 모습 말고
마음속까지도 들여다볼 줄 아는 눈을 가져야 해! 알겠지?

친구의 마음을 알아주기 위한 노력을 해 보자!

문장을 소리 내어 읽으며 따라 써 보아요.

나쁜 풀도, 나쁜 사람도 없어요.

다만, 잘못 가꾸는 농부가

있을 뿐이에요.

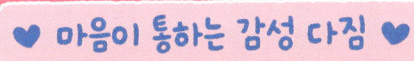 마음이 통하는 감성 다짐 💙

내 마음에 쏙 드는 다짐을 메모지에 써 볼까?

✅️ 친구가 갑자기 짜증낼 땐 이유를 생각해 볼래.

✅️ 나는 내 마음을 아름답게 가꾸는 농부야.

✅️ 따뜻한 말과 눈빛은 우리를 예쁘게 자라게 해!

✅️ 친구가 실수했을 땐 놀리지 않을래.

그때까지 난 앞으로 펼쳐질 모험

생각에만 들떴지 집 걱정은 하지 않았다.

그런데 이제 나를 대신해 어머니를 도울

이 어수룩한 낯선 아이를 보자,

처음으로 눈물이 왈칵 쏟아졌다.

💚 로버트 루이스 스티븐슨 《보물섬》 중에서 💚

선생님의 마음
한마디

내 기분에만 퐁당 빠지지 말고, 가까운 이들의 마음도 챙겨 주렴!

친구들과 같이 대회에 나갔는데, 혼자만 상을 받은 적 있지?
너무 신나서 마음이 붕붕 뜨면 친구들 표정이 잘 안 보이잖아.
아무 생각 없이 자랑을 늘어놓다가 어느 순간,
속상한 친구의 표정을 발견하게 되지. 《보물섬》의 주인공 짐도 그랬대.
기쁘든 슬프든 내 감정만 중요한 게 아니야! 다른 사람의 마음까지
느낄 수 있다면, 기분이 두 배로 좋아지는 마법이 펼쳐져!

내 감정만큼 다른 사람의 감정도 소중히 여겨 주기!

64

문장을 소리 내어 읽으며 따라 써 보아요.

그때까지 난 앞으로 펼쳐질 모험

생각에만 들떴지 집 걱정은 하지 않았다.

그런데 이제 나를 대신해 어머니를 도울

이 어수룩한 낯선 아이를 보자,

처음으로 눈물이 왈칵 쏟아졌다.

♥ **마음이 통하는 감성 다짐** ♥

내 마음에 쏙 드는 다짐을 메모지에 써 볼까?

- ✓ 나만 상을 받았을 땐, 너무 자랑하지 않을래.
- ✓ 친구에게 좋은 일이 있을 때, 함께 기뻐할래.
- ✓ 내 자랑만 하지 않고, 친구 얘기도 들을래.
- ✓ 기쁜 일이 생겼을 때, 옆 친구의 기분도 신경 쓸래.

아무런 이유 없이

사람들을 사랑했더니,

그들을 사랑할 수밖에 없는

이유를 분명히 알게 되었다.

♥ 레프 톨스토이 《전쟁과 평화》 중에서 ♥

선생님의 마음
한마디

먼저 마음으로 바라보면, 진짜 사랑을 느낄 수 있어!

얘들아, 우리가 누군가를 좋아할 때, 꼭 이유가 있어야 할까?
어쩌면 친구가 공부를 잘해서, 얼굴이 예뻐서 좋아할 수도 있지.
하지만 《전쟁과 평화》 속 피에르는 사람들을 있는 그대로 사랑하기 시작하면서
진짜 사랑에 눈뜨게 됐대. 키가 작든지 크든지, 공부를 잘하든지 못하든지
친구가 되는 거랑은 아무 상관도 없어. 진짜 우정은 이것저것 따지지 않고
서로를 따뜻한 눈으로 바라보면서 시작된단다.

누군가를 좋아하는 데 꼭 조건이 필요한 것은 아니야.

문장을 소리 내어 읽으며 따라 써 보아요.

아무런 이유 없이

사람들을 사랑했더니,

그들을 사랑할 수밖에 없는

이유를 분명히 알게 되었다.

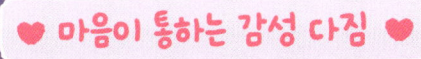 ♥ 마음이 통하는 감성 다짐 ♥

내 마음에 쏙 드는 다짐을 메모지에 써 볼까?

- 겉모습만 보고 친구를 사귀지 않을래.
- 친구가 자랑할 땐, 질투 대신 축하해 줄래.
- 전학 온 친구에게 먼저 말 걸어 볼래.
- 선물할 땐 돌려받을 생각은 하지 않을래.

4장

알콩달콩 사이좋게 어울리기

"야, 내 팔을 왜 갑자기 잡아당겨?"

눈썹은 찌글찌글, 입은 삐죽삐죽!

"너랑 절대 안 놀아!"하며 소리쳐 버렸어.

그런데, 시간이 좀 지나니까

내가 너무했나 싶은 마음이 드는 거야.

세계 명작 속 주인공들도 투닥투닥 싸우다가

화해하기도 하고, 서로 도와주기도 했대.

친구랑 다시 잘 지내려면, 우리에게

어떤 말과 마음이 필요할까?

아직 어렸지만, 조는

마음이란 꽃과 같아서

거칠게 다루어서는 안 되고,

꽃이 피듯 저절로 열리도록

해야 한다는 걸 배웠어요.

💙 루이자 메이 올컷 《작은 아씨들》 중에서 💙

선생님의 마음
한마디

말 없이 곁에 있어 줄 때, 친구의 마음이 따뜻해져.

얘들아, 가끔은 너무 힘들어서 아무 말도 하고 싶지 않을 때가 있지?
네가 그런 것처럼 다른 친구도 그럴 때가 있어.
그럴 땐 궁금하다고 자꾸 재촉하지 말고 이렇게 말해 보면 어때?
"네가 말하고 싶을 때 말해. 난 언제나 네 편이야."
이런 말은 닭살이 오글오글 돋는다고? 그래도 한번 해 봐.
너의 따뜻한 응원이 친구한테는 큰 힘이 될 거야.

가만히 옆에 있어 주는 것만으로도 큰 응원이야.

문장을 소리 내어 읽으며 따라 써 보아요.

아직 어렸지만, 조는

마음이란 꽃과 같아서

거칠게 다루어서는 안 되고,

꽃이 피듯 저절로 열리도록

해야 한다는 걸 배웠어요.

♥ 사이가 좋아지는 감성 다짐 ♥

내 마음에 쏙 드는 다짐을 메모지에 써 볼까?

☑ 속상해하는 친구 옆에 가만히 있어 줄래.

☑ 걱정하는 친구에게 응원의 쪽지를 써야지.

☑ 친구가 마음이 풀릴 때까지 차분히 기다릴래.

☑ 수줍음이 많은 친구한테는 조금씩 다가갈래.

오소리 아저씨는 식탁 머리에 앉아

동물들의 이야기를 진지하게 들어 주었어요.

어떤 이야기를 들어도 놀라지 않았고,

우쭐대며 가르치거나 나무라지도 않았어요.

그저 고개를 끄덕이며 함께 있었지요.

케네스 그레이엄 《버드나무에 부는 바람》 중에서

선생님의 마음 한마디

끄덕끄덕, 토닥토닥
친구의 이야기를 들어 줄래?

얘들아, 누군가 내 얘기를 가만히 들어 주기만 해도
마음이 참 편안해질 때가 있지? 주위에 속상해하는 친구가 있으면
오소리 아저씨처럼 말없이 옆에 앉아 이야기를 들어 줘 봐.
꼭 멋진 조언을 안 해도 돼! 그저 친구의 이야기에
고개를 끄덕이며 공감해 주는 것만으로도 충분해.
선생님도 힘들 때는 따뜻한 눈빛으로 들어 주는 게 제일 좋더라!

가만히 들어 주는 마음이 가장 큰 선물이 되거든.

문장을 소리 내어 읽으며 따라 써 보아요.

오소리 아저씨는 식탁 머리에 앉아

동물들의 이야기를 진지하게 들어 주었어요.

어떤 이야기를 들어도 놀라지 않았고,

우쭐대며 가르치거나 나무라지도 않았어요.

그저 고개를 끄덕이며 함께 있었지요.

♥ **사이가 좋아지는 감성 다짐** ♥

내 마음에 쏙 드는 다짐을 메모지에 써 볼까?

✅ 친구의 이야기를 중간에 툭 끊지 않을래.

✅ 친구에게 부드러운 말로 이야기할래.

✅ 친구가 말한 비밀은 꼭꼭 지킬 테야!

✅ 슬퍼하는 친구에게 '괜찮아'라고 말해 줄래.

너는 네가 길들인 것에 대해

영원히 책임이 있는 거야.

❤ 앙투안 드 생텍쥐페리 《어린 왕자》 중에서 ❤

선생님의 마음
한마디

마음을 준 사람에게는
관심과 정성이 필요해!

《어린 왕자》 속의 여우는 '길들인다'는 건 서로에게 아주 특별한 존재가 되는 거랬어.
그렇게 생긴 친구한테는 관심과 정성을 꾸준히 기울여야 해!
갑자기 마음이 변했다고 휙 돌아서면, 혼자 남은 친구는 정말 슬퍼질 거야.
친구의 이야기를 들어 주고, 기분을 살피고, 작은 일에도 마음을 표현하면서
우정이 새록새록 피어나게 된다니까!
아름다운 우정은 서로 노력할 때 오래오래 반짝여.

소중한 친구한테는 관심과 정성이 필요해!

문장을 소리 내어 읽으며 따라 써 보아요.

너는 네가 길들인 것에 대해

영원히 책임이 있는 거야.

내 마음에 쏙 드는 다짐을 메모지에 써 볼까?

- ☑ 배려해 준 친구에게 "고마워!"라고 말할래.
- ☑ 친구에게 잘못했을 땐, 진심으로 사과할래.
- ☑ 마음을 담아 친구에게 우정 편지를 쓸래.
- ☑ 친구가 힘들 땐, 따뜻이 위로해 줄래.

질병과 슬픔은 전염되지만,

세상에서 가장 막을 수 없이 퍼지는 건

웃음과 유쾌한 마음이라는 사실!

이 얼마나 올바르고 공평하며

고귀한 조화인가!

💙 찰스 디킨스 《크리스마스 캐럴》 중에서 💙

선생님의 마음
한마디

내가 웃으면 친구도 따라 웃어.
웃음은 강력한 마법이니까!

얘들아, 누가 깔깔 웃으면 나도 덩달아 웃게 될 때가 있지?
한 친구가 웃으면 옆 친구도 따라 웃고, 그 웃음이 퐁당퐁당 퍼져 나가잖아.
그럼 우리 반 분위기도 금세 밝아지겠지?
이렇게 웃음과 다정한 마음은 정말 힘이 세!
축축 가라앉은 기분도, 시무룩한 마음도 번쩍 일으키지.
그러니까 우리, 웃음을 퍼뜨리는 행복 마법사가 되어 보자. 얍!

너의 다정한 웃음이 친구도 따라 웃게 해.

문장을 소리 내어 읽으며 따라 써 보아요.

질병과 슬픔은 전염되지만,

세상에서 가장 막을 수 없이 퍼지는 건

웃음과 유쾌한 마음이라는 사실!

이 얼마나 올바르고 공평하며

고귀한 조화인가!

♥ 사이가 좋아지는 감성 다짐 ♥

내 마음에 쏙 드는 다짐을 메모지에 써 볼까?

☑️ 친구가 쑥스러워할 땐 먼저 유머를 건네야지.

☑️ 선생님께 밝은 미소로 인사할 거야.

☑️ 맛있는 급식을 먹을 땐 고맙다고 인사할래.

☑️ 중간에서 잘못된 소문을 전달하지 않겠어.

모두는 하나를 위해

하나는 모두를 위해

그것이 우리의 좌우명이야.

💚 알렉상드르 뒤마 《삼총사》 중에서 💚

선생님의 마음 한마디

함께하는 마음이 있다면, 삼총사처럼 멋진 팀이 될 거야!

얘들아, 너희 반에도 멋진 급훈이 있니?
《삼총사》 속의 세 용사들한테도 멤버들을 똘똘 뭉치게 하는 구호가 있었대.
혼자서는 하기 어렵고 막막한 일들이 있잖아.
그럴 때 여럿이 힘을 딱 합치면 결국 어떻게든 해내게 돼!
그런데 여럿이 함께할 때는 서로 배려하고 책임감 있게 행동해야 해.
이 약속만 잘 지킨다면, 우리는 언제나 즐겁고 든든한 한 팀이 될 거야!

한 팀을 이루는 데 배려와 책임감은 필수!

문장을 소리 내어 읽으며 따라 써 보아요.

모두는 하나를 위해

하나는 모두를 위해

그것이 우리의 좌우명이야.

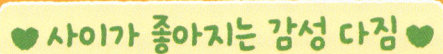 💚 **사이가 좋아지는 감성 다짐** 💚

내 마음에 쏙 드는 다짐을 메모지에 써 볼까?

☑ 힘든 일을 하는 친구를 보면 도와줄래.

☑ 청소 시간에 다 함께 열심히 청소할 거야.

☑ 모두를 위한 약속을 꼭꼭 지킬 거야.

☑ 수고한 친구에게 "고마워!"라고 말할래.

인간의 아이야,

용감한 마음과 공손한 말씨는

너를 정글 저 너머까지

데려다 줄 거다.

♥ 조지프 러디어드 키플링 《정글북》 중에서 ♥

선생님의 마음
한마디

예의 바른 태도는 마음을 여는 첫걸음이야!

얘들아, 정글처럼 복잡한 세상에서 길을 잘 찾는 비결이 뭔지 아니?
그 비결 중 하나가 비단뱀 카가 모글리를 칭찬했던 '공손한 말씨'였단다.
모글리는 원숭이들에게 잡혀갔을 때 비단뱀 카가 구해 준 것이
고마워서 정중하게 감사 인사를 했거든.
"안녕하세요?"라는 한 마디, 상냥한 눈인사, "고마워요, 미안해요!"같은 말들!
세상이 아무리 거칠어도 예의라는 든든한 무기가 있다면 걱정 없어!

누구에게든 예의 바르게 대하면 너도 존중받게 될 거야!

문장을 소리 내어 읽으며 따라 써 보아요.

인간의 아이야,

용감한 마음과 공손한 말씨는

너를 정글 저 너머까지

데려다 준 거다.

♥ 사이가 좋아지는 감성 다짐 ♥

내 마음에 쏙 드는 다짐을 메모지에 써 볼까?

✅ 거절할 땐 분명하고 예의 바르게 말할래.

✅ 친구의 별명을 부르며 놀리지 않겠어.

✅ 도와준 친구에게 "고마워"라고 말할래.

✅ 실수했을 때, "미안해"라고 말할래.

선장은 말을 너무 늘어놓거나

너무 간단히 말했습니다.

선장의 말에 대해 좀 더 설명을

요청할 수밖에 없군요.

💙 로버트 루이스 스티븐슨 《보물섬》 중에서 💙

선생님의 마음
한마디

무슨 말인지 알쏭달쏭 헷갈릴 땐 예의 있게 물어보자!

"죄송한데 한 번만 더 설명해 주실 수 있어요?"
얘들아, 이렇게 물어보는 건 하나도 창피한 일이 아니야!
오히려 멋진 용기고, 대화가 술술 이어지게 하는 똑똑한 행동이지!
상대방의 말이 이해가 안 되는데도 혼자서 마구 상상의 날개를 펼치다 보면,
내 멋대로 판단하거나 엉뚱한 생각을 하게 될 수도 있어.
그러니까 헷갈릴 땐 괜히 아는 척하지 말고, 예의 있게 물어보기!

예의 있게 물어볼 줄 아는 사람이 똑똑한 사람이야!

문장을 소리 내어 읽으며 따라 써 보아요.

선장은 말을 너무 늘어놓거나

너무 간단히 말했습니다.

선장의 말에 대해 좀 더 설명을

요청할 수밖에 없군요.

♥ 사이가 좋아지는 감성 다짐 ♥

내 마음에 쏙 드는 다짐을 메모지에 써 볼까?

☑️ 무언가 설명할 땐 분명하게 말해야지.

☑️ 듣는 사람의 입장을 고려해서 설명할래.

☑️ 친구가 궁금한 게 무엇인지 물어보자.

☑️ 잘 모르겠으면, 한 번 더 말해 달라고 부탁할래.

나는 모든 사람이

자기 자신만 걱정하며

살아가는 것이 아니라,

사랑으로 살아간다는 것을

배웠습니다.

💚 레프 톨스토이 《사람은 무엇으로 사는가》 중에서 💚

선생님의 마음
한마디

우리 마음속에는 누군가를 위한 깊은 사랑이 있어!

천사 미하엘은 하느님의 말씀을 어겨 인간의 몸으로 땅 위에 떨어졌어.
그때 미하엘은 알몸으로 추위에 떨고 있었지.
그런데 시몬이라는 아주 가난한 구두장이가 미하엘을 구해 준 거야.
인간들이 자기만 아는 줄 알았던 미하엘은 따뜻한 대접을 받으며
사람들 마음속에 '사랑'이라는 커다란 보물이 있다는 걸 깨달았지!
그러니까 우리, 그 따뜻한 마음 숨기지 말고 조금씩 나눠 보자.

세상은 따뜻한 사랑 덕분에 더 환해지는 거야!

문장을 소리 내어 읽으며 따라 써 보아요.

나는 모든 사람이

자기 자신만 걱정하며

살아가는 것이 아니라.

사랑으로 살아간다는 것을

배웠습니다.

♥ 사이가 좋아지는 감성 다짐 ♥

내 마음에 쏙 드는 다짐을 메모지에 써 볼까?

✅ 밥 먹을 때 어른들께 "먼저 드세요"라고 말할래.

✅ 몸이 불편한 친구를 도와줄래.

✅ 내가 하고 싶은 것만 하겠다고 우기지 않을래.

✅ 바쁜 부모님을 도와 간단한 집안일을 해 볼래.

사랑하거나 사랑했던 적이 있다면

그것만으로 충분해요.

더는 아무것도 묻지 말아요.

삶의 어두운 시련들 속에서 찾을 수 있는

다른 진주는 없어요. 사랑은 삶을 완성해요.

♥ 빅토르 위고 《레 미제라블》 중에서 ♥

선생님의 마음 한마디

오늘은 사랑하는 사람에게 "사랑해!"라고 말해 볼래?

얘들아, 너를 가장 꼭 안아 주는 사람이 누구니?
장발장은 한 신부님의 큰 사랑을 받고 새사람이 되어 평생 사랑을 실천하며 살았어.
그 사랑이 꼭 거창할 필요는 없어.
우리는 작고 작은 배려와 소소한 친절 속에서도 사랑을 느낄 수 있어.
그런 사랑은 진흙 속 반짝이는 진주처럼 우리에게 큰 힘이 될 거야!
그러니까 너도 먼저 사랑을 나누기 시작해 봐.

사랑은 우리 인생에 가장 큰 힘이 될 거야!

문장을 소리 내어 읽으며 따라 써 보아요.

사랑하거나 사랑했던 적이 있다면

그것만으로 충분해요.

더는 아무것도 묻지 말아요.

삶의 어두운 시련들 속에서 찾을 수 있는

다른 진주는 없어요. 사랑은 삶을 완성해요.

♥ **사이가 좋아지는 감성 다짐** ♥

내 마음에 쏙 드는 다짐을 메모지에 써 볼까?

✅ 부모님을 꼭 안으며 "사랑해요!"라고 말할래.

✅ 화장실이 급한 친구에게 내 차례를 양보할래.

✅ 맛있는 간식을 친구와 나누어 먹을래.

✅ 할머니께 전화가 오면, 반갑게 인사드릴래.

5장

척척 바른 결정하기

"으앙! 다들 내 선택이 이상하대!"

마음은 두근두근, 볼은 발그레.

모두가 다 그렇다지만, 내 생각은 달랐거든.

말할 땐 떨렸지만, 말하고 나니 뿌듯해졌어.

왜냐고? 나의 선택이 나와 친구들에게

도움이 되는 길이었거든.

남들과 다른 선택은 언제나 쉽지 않아.

세계 명작 속 주인공들도 그랬으니까.

이제 나답게 결정할 수 있도록

힘이 되어 주는 말들을 만나러 가 보자.

캄파넬라, 또 우리 둘만 남았네.

어디까지든 끝까지 함께 가자.

이제 나는 그 전갈이 다짐했듯

모두의 행복을 위해서라면 정말이지

내 몸이 수백 번 불탄다 해도 상관없어.

💙 미야자와 겐지 《은하철도의 밤》 중에서 💙

선생님의 마음 한마디

나와 모두에게 좋은 결정을 한다면 행복이 찾아올 거야!

얘들아, 나한테만 편한 결정을 하면 누군가는 속상해할 수도 있어.
하지만 만날 다른 사람만 챙기다 보면 내가 지칠 수도 있지.
근데 말이야. 나도 좋고 너도 좋은 선택을 하려는 마음,
그 마음이 시키는 대로 한 선택은 진짜 멋진 선택이야!
조금 느려도 괜찮아. 우리 신중하고 따뜻하게 결정해 보자.
그러면 행복이 "나 여기 있어!" 하며 찾아올 거야!

너도 나도 좋은 선택이라니, 정말 멋지지 않니?

캄파넬라, 또 우리 둘만 남았네.

어디까지든 끝까지 함께 가자.

이제 나는 그 전갈이 다짐했듯

모두의 행복을 위해서라면 정말이지

내 몸이 수백 번 불탄다 해도 상관없어.

❤ 단단하고 슬기로운 감성 다짐 ❤

내 마음에 쏙 드는 다짐을 메모지에 써 볼까?

- ☑ 내 선택이 다른 친구에게도 좋을지 고민해 볼래.

- ☑ 내가 조금 불편해도 다른 사람들에게 도움이
  된다면 기꺼이 함께하겠어!

- ☑ 거울 속 내 얼굴, 참 괜찮아 보여!

자기 자신을

다스리지 못하는 사람이

어떻게 다른 사람을

다스릴 수 있겠는가?

💚 미겔 데 세르반테스 《돈키호테》 중에서 💚

선생님의 마음 한마디

멋진 리더는 자기 마음부터 척척 다스릴 줄 알아!

화가 나서 '빽' 소리치고 싶을 때, '후~' 숨을 고르고 마음을 다스려 봐.
일단 아무 생각 없이 숨을 들이마셨다 내쉬는 거야.
그러다 보면 쿵쾅쿵쾅 뛰던 심장 소리가 작아지고 흥분도 가라앉을 거야.
얘들아, 훌륭한 리더가 되고 싶다면 자기 마음을 잘 다스려야 해.
나 자신조차 다스리지 못하는 사람의 말은 통 믿을 수가 없거든!
그러니까 마음에 "앗, 뜨거!" 불이 났다면, 일단 깊이 숨을 쉬어 보렴.

마음 휴게소에서 불난 마음을 잘 다스려 보자!

문장을 소리 내어 읽으며 따라 써 보아요.

자기 자신을

다스리지 못하는 사람이

어떻게 다른 사람을

다스릴 수 있겠는가?

내 마음에 쏙 드는 다짐을 메모지에 써 볼까?

✅ 거짓말 대신 정직하게 말하는 걸 선택할래.

✅ 당장 먹고 싶지만, 참는 것도 멋진 선택이야.

✅ 복도에서 뛰어다니고 싶어도 규칙을 지킬래.

✅ 오늘 나는 나와의 약속을 지킬 거야.

너만의 길을 걸어라.

남들이 뭐라고 하든

신경 쓰지 마.

♥ 단테 알리기에리 《신곡》 중에서 ♥

선생님의 마음
한마디

누가 뭐래도 내가 정한 길을 뚜벅뚜벅 걸어가 보자!

《신곡》 속의 단테는 연옥산을 오르다가 주변의 속삭임에 마음이 들썩거렸대.
그러자 길 안내자는 남들이 뭐라고 해도 너의 길을 가라고 했어.
옆에서 뭐라고 해도 내가 이 길이 맞다고 믿으면, 그게 바로 너의 길이야!
빨리 가지 않아도 괜찮아! 잠깐 멈춰 서도 괜찮아!
중요한 건 뚜벅뚜벅, 나답게 걸어가는 것!
선생님이 네 뒤에서 언제나 응원할게.

내가 선택한 그 길이 맞아! 계속 가 보자!

문장을 소리 내어 읽으며 따라 써 보아요.

너만의 길을 걸어라.

남들이 뭐라고 하든

신경 쓰지 마.

 ♥ 단단하고 슬기로운 감성 다짐 ♥

내 마음에 쏙 드는 다짐을 메모지에 써 볼까?

✅ 공부하는 동안 핸드폰을 보지 않겠어.

✅ 과자를 자주 먹고 싶은 유혹을 이겨 낼래!

✅ 수업 시간에 딴짓을 하지 않겠어!

✅ 누가 내 꿈을 비웃어도 신경 쓰지 않을래.

너는 도망가는 걸

용기가 없어서라고

잘못 생각하고 있어.

너는 용기와 지혜를

헷갈리고 있는 거야.

💙 프랭크 바움 《오즈의 마법사》 중에서 💙

선생님의 마음
한마디

진정한 용기란, 멈춰야 할 때 멈출 줄 아는 거야!

얘들아, 가끔 어떤 일을 하다가 이런 생각해 본 적 있지?
"휴, 지금 그만두면 겁쟁이처럼 보일 텐데……."하고 말이야.
그런데 진짜 용기는 실수했을 때 인정할 수 있는 용기,
많이 지쳤을 때 "잠깐 쉴래요."라고 말할 수 있는 용기,
뭔가 방향이 잘못됐을 때 돌아설 수 있는 용기야!
내 마음에 '이건 정말 아니야!'라는 빨간 불이 켜지면, 그때는 그 일을 멈춰도 돼.

마음에 빨간 불이 켜지면 그 일을 멈춰 봐!

문장을 소리 내어 읽으며 따라 써 보아요.

너는 도망가는 걸

용기가 없어서라고

잘못 생각하고 있어.

너는 용기와 지혜를

헷갈리고 있는 거야.

♥ 단단하고 슬기로운 감성 다짐 ♥

내 마음에 쏙 드는 다짐을 메모지에 써 볼까?

☑ 내가 원하는 일을 하겠다고 당당히 말할래.

☑ 친구를 따돌리는 일에는 함께하지 않을래.

☑ 잘못했을 땐 숨고 싶어도 사과할래.

☑ 무시당할까 봐 괜찮은 척하지 않을래.

닐스야,

우리에게서 무언가 배웠다면

이제 인간이 이 세상을

전부 독차지해야 한다고

더는 생각하지 않겠지.

💚 셀마 라게를뢰프 《닐스의 모험》 중에서 💚

선생님의 마음
한마디

여리고 작은 목소리에도 풍긋풍긋 귀 기울여 봐!

어떤 친구가 "내가 힘이 세니까 더 많이 먹을래!"라고 말한다면,
너도 퍽 속상하고 서운하겠지? 힘이 없다고 적게 먹는 것도 아니잖아?
《닐스의 모험》 속 닐스도 몸이 작아져서 동물들과 여행하기 전까지는
그런 마음을 전혀 몰랐대. 전에는 동물들을 괴롭히기 일쑤였으니까.
그러니까 우리가 어떤 결정을 내릴 땐 힘이 약하고
말을 잘 못 하는 이들의 마음까지 배려해 주는 거다?

약한 이들을 배려할 줄 아는 네가 정말 자랑스러워!

닐스야,

우리에게서 무언가 배웠다면

이제 인간이 이 세상을

전부 독차지해야 한다고

더는 생각하지 않겠지.

♥ 단단하고 슬기로운 감성 다짐 ♥

내 마음에 쏙 드는 다짐을 메모지에 써 볼까?

- ☑ 내 마음대로 친구를 휘두르지 않을래.
- ☑ 내 결정에 친구가 어떤 기분일지 생각해 볼래.
- ☑ 동생보다 힘이 세다고 멋대로 안 할래.
- ☑ 혼자만 놀이 기구를 독차지하지 않을래.

그의 왕국에는 딱 하나 특별한 관습이 있다.

손에 굳은살이 있는 사람은

식탁에 앉을 수 있지만,

그렇지 않은 사람은 다른 이들이

남긴 음식을 먹어야 한다는 것이다.

♥ 레프 톨스토이 《바보 이반》 중에서 ♥

선생님의 마음 한마디

진짜 보람은 땀 흘린 사람만 느낄 수 있어!

굳은살은 "나 이만큼 열심히 일했어!" 하는 훈장 같은 거야.
진짜로 열심히 했을 때, 온몸이 아픈데도 가슴이 꽉 차오르는 느낌!
그게 바로 보람이야!
운동장에서 땀을 뻘뻘 흘릴 때, 문제집 풀다가 머리에서 김이 팍팍 날 때,
그 순간만큼은 힘들지만 딱 끝나고 나면 "와, 나 해냈어!" 하는 마음이 들지?
그렇게 속이 꽉 차는 그 느낌! 그게 바로 보람이야!

땀 흘려 노력하는 네가 참 멋져!

문장을 소리 내어 읽으며 따라 써 보아요.

그의 왕국에는 딱 하나 특별한 관습이 있다.

손에 굳은살이 있는 사람은

식탁에 앉을 수 있지만,

그렇지 않은 사람은 다른 이들이

남긴 음식을 먹어야 한다는 것이다.

♥ **단단하고 슬기로운 감성 다짐** ♥

내 마음에 쏙 드는 다짐을 메모지에 써 볼까?

✅ 씨앗을 심어서 열심히 키워 볼 거야.

✅ 노력도 안 해 보고 도와달라고 하지 않을래.

✅ 오늘 숙제는 미루지 않고 오늘 할 거야!

✅ 조금 힘들어도 끝까지 해낼래.

내가 왕이 되면,

그 아이들에게 빵과 보금자리뿐 아니라,

책에서 배울 수 있는 가르침도 주겠어.

배가 아무리 불러도 마음이 허기져 있다면

무슨 소용이 있겠어?

💙 마크 트웨인 《왕자와 거지》 중에서 💙

선생님의 마음
한마디

작은 결정 하나에도
모두를 위한 마음을 담아 봐!

거지 톰과 옷을 바꿔 입고 거리에 나온 에드워드 왕자는
그동안 한 번도 경험해 보지 못한 백성들의 고통을 체험하게 됐어.
나중에 왕이 된 에드워드는 백성들을 힘들게 하는 법들을 없앴어.
왕자처럼 현명한 결정을 내리려면 어떻게 해야 할까?
그럴 때는 머리로만 생각을 돌돌 굴리지 말고 현실이 어떤지 알아봐야 해.
그다음 마음속 저울에 올려 무엇이 더 소중한 가치인지 판단해 봐.

너의 바른 결정이 누군가의 하루를 따뜻하게 할 거야!

문장을 소리 내어 읽으며 따라 써 보아요.

내가 왕이 되면,

그 아이들에게 빵과 보금자리뿐 아니라,

책에서 배울 수 있는 가르침도 주겠어.

배가 아무리 불러도 마음이 허기져 있다면

무슨 소용이 있겠어?

♥ 단단하고 슬기로운 감성 다짐 ♥

내 마음에 쏙 드는 다짐을 메모지에 써 볼까?

☑️ 어떤 결정을 할 때, 장점과 단점을 따져 볼래.

☑️ 용돈을 쓸 때 더 가치 있는 게 뭔지 생각해 볼래.

☑️ 금방 싫증이 날 물건은 안 사겠어.

☑️ 핸드폰 사용 시간을 스스로 정해 볼래.

저 작은 촛불이

얼마나 멀리까지 빛을 비추는지!

지친 세상 속 착한 행동 하나가

이렇게 밝게 빛나는구나.

윌리엄 셰익스피어 《베니스의 상인》 중에서

선생님의 마음
한마디

올바른 결정과 바른 행동은
누군가에게 큰 힘을 줘!

누가 친구를 따돌리자고 부추길 때, "그건 옳지 않아!"라고 말해 본 적 있니?
이런 올바른 선택을 하려면 무지무지 큰 용기가 필요해.
바른말을 했다가 미움받게 될까 봐 이 말을 못 할 수도 있어.
그냥 가만히 있는 게 편할 수도 있지. 하지만 마음속 양심은 다 안단다.
혼자서 해결하기 힘들 땐 선생님한테 도움을 청해도 돼!
너의 올바른 결정이 외톨이 친구한테는 큰 응원이 된단다.

힘들어도 옳은 선택을 하는 너, 정말 반짝반짝 멋져!

문장을 소리 내어 읽으며 따라 써 보아요.

저 작은 촛불이

얼마나 멀리까지 빛을 비추는지!

지친 세상 속 착한 행동 하나가

이토록 밝게 빛나는구나.

♥ 단단하고 슬기로운 감성 다짐 ♥

내 마음에 쏙 드는 다짐을 메모지에 써 볼까?

✅ 다른 친구들을 험담할 때, 끼지 않을 거야.

✅ 모두가 규칙을 어겨도 나는 지킬 거야.

✅ 나쁜 소문을 전하지 않을 거야.

✅ 집 앞의 쓰레기를 청소해 볼래.

위대한 결정들은

가끔 단 한순간에

내려지곤 한다.

● 휴 로프팅 《둘리틀 선생의 바다 여행》 중에서 ●

선생님의 마음
한마디

마음 깊이 생각한 나의 선택, 믿어도 좋아!

명랑한 둘리틀 선생은 정들었던 인디언들과 헤어질 순간이 오자,
무거운 책임감 때문에 마음이 쿵 내려앉았어.
잠깐은 다른 이들을 배려하느라 간절한 꿈을 포기할 뻔도 했지.
하지만 둘리틀 선생은 자신이 진짜 원하는 게 뭔지 알았어.
마음속 깊은 곳에서 둥둥둥 울려 퍼지는 진짜 목소리를 들었던 거야.
그러고는 딱 한순간, 마음의 소리에 따라 결정했어.

너의 마음 깊은 곳에서 나온 선택을 믿어 줘!

위대한 결정들은

가끔 단 한순간에

내려지곤 한다.

♥ 단단하고 슬기로운 감성 다짐 ♥

내 마음에 쏙 드는 다짐을 메모지에 써 볼까?

☑ 결정할 때 남의 눈치만 보지 않을 거야.

☑ 내가 정말 원하는 게 무엇인지 생각해 볼래.

☑ 내 결정이 어떤 결과를 가져올지 생각해 볼래.

☑ 나에게 어떤 책임이 있는지 생각해 볼 테야.

국민 함양 A사랑방의 멋진 말, 멋진 생각

어휘와 마음이 자라는

세계 명작 필사 노트

1판 1쇄 인쇄 2025년 11월 10일
1판 1쇄 발행 2025년 11월 19일

글 정서진 박경선
그림 영수

펴낸이 김영곤
TF팀 김종민 양선희
마케팅 정성은 김지선
북디자인 design S **편집외주** 이정아
영업팀 정지은 한충희 남정한 장철용 강경남 황성진 김도연 이민재
제작팀 이영민 권경민

펴낸곳 ㈜북이십일 아울북
출판등록 2000년 5월 6일 제406-2003-061호
주소 (우 10881) 경기도 파주시 문발동 회동길 201
연락처 031-955-2100(대표) **팩스** 031-955-2177
홈페이지 www.book21.com

ISBN 979-11-7357-496-2(73800)

· 제조자명 : (주)북이십일
· 주소 : 경기도 파주시 회동길 201(문발동)
· 전화번호 : 031-955-2100
· 제조연월 : 2025. 11.
· 제조국명 : 대한민국
· 사용연령 : 3세 이상 어린이 제품

스스로 생각하고 판단하는 힘을 길러주는 나를 지키는 괜찮은 생각

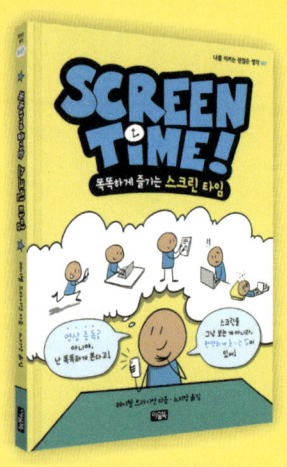

영상 중독? 아니야, 난 똑똑하게 본다고!

스크린을 현명하게 즐기는 법이 있어!

64쪽 | 15,900원
레이첼 브라이언 지음
노지양 옮김

"흥미진진한 온라인 세계에서 온전히 나를 지킬 수 있을까?"

1. 동의
레이첼 브라이언 지음
노지양 옮김

2. 걱정 덜어내는 책
레이첼 브라이언 지음
노지양 옮김

3. 가짜 뉴스
엘리즈 그라벨 지음
노지양 옮김

4. 철학 안경
스가하라 요시코 외 지음
오지은 옮김

5. 양자물리학으로 풍덩!
로베르트 로브 지음
유영미 옮김

6. 이건 불공평해!
아사타 프라우함머 지음
심연희 옮김

7. 스크린 타임
레이첼 브라이언 지음
노지양 옮김

8. 거짓말은 정말 나쁜 걸까?
요하네스 포크트 지음
펠리치타스 호르스트셰퍼 지음
유영미 옮김

서울대
교수진
강력 추천

어린이
철학교육연구소
선정도서

현직
초등교사 50인
평점 4.84

어린이
사전평가단
평점 4.94

※ 본 도서의 종이책은 교보문고·예스24·알라딘, 전자책은 밀리의서재·리디북스에서 만나요!